Todos los libros de Linkgua Ediciones cuentan con modelos de Inteligencia Artificial entrenados por hispanistas. Pregúntale al chat de tu libro lo que desees acerca de la obra o su autor/a.

Para ebooks: Accede a nuestro modelo de IA a través de este enlace.

Para libros impresos: Escanea el código QR de la portada con tu dispositivo móvil.

Obtén análisis detallados de nuestros libros, resúmenes, respuestas a tus preguntas y accede a nuestras ediciones críticas generativas para una experiencia de lectura más enriquecedora.
La transparencia y el respeto hacia la autoría de las fuentes utilizadas son distintivos básicos de nuestro proyecto. Por ello, las respuestas ofrecen, mediante un sistema de citas, las fuentes con las que han sido elaboradas.

Pedro Calderón de la Barca

¿Quién hallará mujer fuerte?

Barcelona 2024
Linkgua-ediciones.com

Créditos

Título original: ¿Quién hallará mujer fuerte?

© 2024, Red ediciones S.L.

e-mail: info@linkgua.com

Diseño cubierta: Michel Mallard

ISBN rústica ilustrada: 978-84-9953-736-8.
ISBN tapa dura: 978-84-9897-256-6.
ISBN ebook: 978-84-9816-768-9.

Sumario

Brevísima presentación

La vida

Pedro Calderón de la Barca (Madrid, 1600-Madrid, 1681). España.

Su padre era noble y escribano en el consejo de hacienda del rey. Se educó en el colegio imperial de los jesuitas y más tarde entró en las universidades de Alcalá y Salamanca, aunque no se sabe si llegó a graduarse.

Tuvo una juventud turbulenta. Incluso se le acusa de la muerte de algunos de sus enemigos. En 1621 se negó a ser sacerdote, y poco después, en 1623, empezó a escribir y estrenar obras de teatro. Escribió más de ciento veinte, otra docena larga en colaboración y alrededor de setenta autos sacramentales. Sus primeros estrenos fueron en corrales.

Lope de Vega elogió sus obras, pero en 1629 dejaron de ser amigos tras un extraño incidente: un hermano de Calderón fue agredido y, éste al perseguir al atacante, entró en un convento donde vivía como monja la hija de Lope. Nadie sabe qué pasó.

Entre 1635 y 1637, Calderón de la Barca fue nombrado caballero de la Orden de Santiago. Por entonces publicó veinticuatro comedias en dos volúmenes y La vida es sueño (1636), su obra más célebre. En la década siguiente vivió en Cataluña y, entre 1640 y 1642, combatió con las tropas castellanas. Sin embargo, su salud se quebrantó y abandonó la vida militar. Entre 1647 y 1649 la muerte de la reina y después la del príncipe heredero provocaron el cierre de los teatros, por lo que Calderón tuvo que limitarse a escribir autos sacramentales.

Calderón murió mientras trabajaba en una comedia dedicada a la reina María Luisa, mujer de Carlos II el Hechizado. Su hermanó José, hombre pendenciero, fue uno de sus editores más fieles.

¿Quién hallará mujer fuerte?

Personajes

La Sabiduría
El Mundo
La Prudencia
Barac
La Templanza
Sísara
La Justicia
La Jael
La Fortaleza
Haber
La Débora
El Morfuz
El Turpín
Dos hombres
Música

Acto único

Sale la Sabiduría, dama bizarra, con guirnalda de flores y estrellas, y la Música con instrumentos.

Sabiduría	Aquí de la ciencia mía la cláusula se oiga.
Música	Advierte que intenta, ¡oh Mundo!, este día saber la Sabiduría quién hallará mujer fuerte.

5

Sabiduría	De una invencible mujer palabra el Génesis da, que la frente ha de romper al dragón, y aunque en mí está prevista la que ha de ser,

10

con todo, mientras no dora
su luz, intento apurar
si sabe el Mundo o ignora
las sombras que han de pasar
para que venga esta aurora,

15

y aunque la duda no es mía
la pregunta sí, de suerte,
que es lo que intenta este día...

Ella y música	...saber la Sabiduría, quién hallará mujer fuerte.

20

Sabiduría	Y pues la han de prevenir anuncios cuya apariencia

la enseñe antes de venir,
¿quién hoy al Mundo decir
sabrá alguno?

Prudencia
(Dentro canta.)   La Prudencia.   25

Sabiduría   No dudo que ella sabrá
                     mas, ¿quién me asegurará,
                     que crea el Mundo su noticia?

Justicia
(Dentro canta.)   La Justicia.

Sabiduría   Mas quisiera mi deidad   30
                     que lo hiciera la piedad,
                     ¿quién me dará otra esperanza?

Templanza
(Dentro canta.)   La Templanza.

Sabiduría   Mejor me suena esta voz
                     ¿y quién, oh acento veloz,   35
                     da de uno y otro certeza?

Fortaleza
(Dentro canta.)   La Fortaleza.

Sabiduría   No mal mi pregunta empieza,
                     poniéndome en confianza
                     de que anuncien su belleza...   40

Prudencia

(Cantado.)   La Prudencia.

(Sale.)

Templanza   La Templanza.

(Sale.)

Justicia   La Justicia.

(Sale.)

Fortaleza   Y Fortaleza.

(Sale.)

Sabiduría   Ya que cuatro cardinales
                    virtudes queréis iguales
                    con antevisto arrebol,   45
                    antes que amanezca el Sol
                    dar de su aurora señales,
                    sabed...

(Cantan.)

Prudencia   Nada nos advierte...

Templanza   ...porque para obedecerte...

Justicia   ...baste oír...

Fortaleza   ...que quiera este día...   50

Las cuatro y Música Saber la Sabiduría,
quién hallará mujer fuerte.

Prudencia
(Cantado.)   Y siendo así, es evidencia,
que la diga la Prudencia.

Justicia
(Cantado.)   Más claramente se indicia   55
que lo sepa la Justicia.

Templanza
(Cantado.)   Más segura es la esperanza
de que la halle la Templanza.

Fortaleza (Cantado.) Una invencible belleza
más toca a la Fortaleza.

Prudencia (Canta.) De mí aguarda...   60

Justicia   De mí fía...

Templanza   De mí espera...

Fortaleza   De mí advierte...

Las cuatro (Cantan.) ... que logre este feliz día...

Todos y la Música   Saber la Sabiduría,
quién hallará mujer fuerte.   65

(Sale el Mundo.)

Mundo

«¿Que logre este feliz día,
saber la Sabiduría,
quién hallará mujer fuerte?»
¿Qué dulces sonoras voces,
cuando yace en las tinieblas   70
de sombras y de figuras,
hasta que el Sol le amanezca,
sepultado el Mundo, son
las que a sus oídos suenan
tan lejanas, que no sabe   75
si mal despierto las sueña,
o mal dormido las oye?
¿Mas qué me admira que sea
tal mi suspensión, si es
la salva que me despierta,   80
al más bello Sol que vieron
jamás ni montes ni selvas?
Hermosísima deidad,
que verte del Mundo dejas,
no sé si realmente o si   85
en fantástica apariencia,
a efecto quizá de que
usando de las licencias,
que la retórica admite
en alegórica idea,   90
quieras mostrar algún rasgo,
algún viso, alguna seña
de aquel gran prometimiento
que hizo Dios por sus profetas
tantos siglos ha. ¿Quién eres,   95
que el rubio Ofir de tus trenzas
de tantos rayos coronas
que duda la competencia

si son estrellas o flores?;
¿quién eres que de tan bellas   100
hermosuras asistida
te avienes con todas ellas
bien como la blanca rosa
que en cumbres y valles reina
con el vulgo de las plantas?   105
Y perdona a mi rudeza
ignorarte y ignorar
qué dulce música es esta
con que todas te saludan,
qué misterioso problema   110
el que sus ecos publican,
porque es para mí tan nueva
su voz como tu hermosura,
con que no sabe, suspensa
el alma en tus perfecciones,   115
en qué estilo hablarte deba,
porque elevado el oído
y porque la vista ciega
se han levantado con todos
los imperios de la lengua.   120

Sabiduría   Inferior ámbito, centro
del orbe, que hoy entre densas
nieblas sepultado yaces,
porque en tu esperanza tengas
firme fe, piadoso el cielo   125
quiere que mientras no llega
al cumplimiento felice
de su inefable promesa
el constituido tiempo
que ha reservado su ciencia,   130

las vislumbres te consuelen
que en pardas nubes envueltas
esconden la Sunamitis
debajo de la corteza
de sombras y de figuras.   135
Y porque mejor lo veas
quiero responderte a todo,
que en tan sagradas materias
el confesar ignorarlas
ya es empezar a saberlas.   140
Yo soy del eterno Padre
una substancia a su esencia
tan una, que soy con él,
sin fin ni principio, eterna.
En su mente estoy, y como   145
al Hijo en su mente engendra,
soy atributo del Hijo,
y para más excelencia
soy del Espíritu Santo
alto don, como Job muestra   150
y Salomón lo publica
cuando piden que yo sea
la dádiva liberal
de su mano, de manera
que en la comunicación   155
de personas, dando en ellas
la atribución de las gentes
para más inteligencia
al Espíritu el amor,
al Padre la omnipotencia   160
y la sabiduría al Hijo,
vengo yo a ser, por ser ésta
de uno, palabra y concepto;

de otro, don; de otro, riqueza,
pero riqueza escondida 165
por ahora a las primeras
leyes y solo enseñada
en sombras a los profetas.
Hasta aquí he dicho quién soy,
conque habiendo mi presciencia 170
visto en una parte una
mujer, que la planta puesta
en la cerviz del dragón
quebrantará su soberbia
y habiendo dictado en otra 175
a la más infusa ciencia
el proverbio en que pregunta
quién habrá que a hallar se atreva
mujer fuerte, intento de ambos
textos careando la letra 180
ver si en tu consuelo, como
tú presumiste, a ver llegas
una seña, un rasgo, un viso,
que tu esperanza entretenga,
y como es uso del día 185
que la noche le preceda
y que amanezca el aurora
para que el Sol amanezca,
quise, antes que al Sol viese,
parar la veloz carrera 190
de los siglos en la aurora,
confiada en que no deja
de ser fiesta para el Sol
la que es de su aurora fiesta.
A este fin fueron las voces, 195
que de mi pregunta llevan

los ecos, y a este fin son
las que me dan la respuesta,
las de las cuatro virtudes,
prometiéndose anteverla   200
la Fortaleza y Templanza,
la Justicia y la Prudencia,
y porque nada me quede
por decir, llegar sus bellas
consonancias a tu oído   205
tan sonoramente tiernas
que a su concento no hay
viento que no se suspenda,
es que como son virtudes
hablan muy de otra manera   210
que los humanos, y así
siempre su dulzura suena
interiormente al oído
en blanda música puesta.
Este principio asentado,   215
vuelvo a que es la competencia
en que las hallas fiar
cada una de sí mesma
que la mujer fuerte halle,
conque yo al afecto atenta   220
con que todas se prefieren
a hacer por mí la fineza
de buscarla, me prefiero
también a que premio tenga
la que la logre. Y así,   225

(Dale la guirnalda.) aquesta guirnalda bella
en tu mano deposito,
que siendo tú quien esperas
la respuesta, en tu favor

	es bien, Mundo, que tú seas	230
	quien la dé a quien traiga más	
	en tu favor la respuesta.	

(Vase.)

Fortaleza (Cantado.) Oye...

Templanza   Aguarda...

Justicia   Espera...

Prudencia   Escucha.

Mundo	No la sigáis, y estad ciertas	
	que aunque la merezcáis todas,	235
	la dé a quien más la merezca.	

(Cantado todo.)

Prudencia	Deme el sacro texto	
	tan feliz letra	
	que haya de ser el lauro	
	de la Prudencia.	240

Justicia	Deme el sacro volumen	
	tan feliz línea	
	que haya de ser el triunfo	
	de la Justicia.	

Templanza	Deme el sacro eloquio	245
	tan feliz plana	
	que haya de ser el premio	

	de la Templanza.
Fortaleza	Deme la sacra historia
	tan feliz senda 250
	que haya de ver el palio
	la Fortaleza.
Mundo	Pues que vais amigas
	con ir opuestas,
	id diciendo todas: 255
	«Aurora bella,
	aunque sea en imagen
	danos tus señas;
	mira que el Sol aguarda
	que tú amanezcas.» 260
Las cuatro y Música	Aurora bella,
	aunque sea en imagen
	danos tus señas;
	mira que el Sol aguarda
	que tú amanezcas. 265
Mundo	Qué bien suenan sus voces
	y qué bien suenan
	ecos que repiten.

(Vanse todos, quedando solo el Mundo, y suenan cajas y trompetas.)

Voces (Dentro.)	¡Arma, arma, guerra, guerra!
Mundo	Mas ¿qué militar estruendo 270
	es el que horroroso trueca
	a la caja la armonía

y a la lira la trompeta?
Ninguno extrañe que el Mundo,
siendo, como es, en su esfera   275
el escándalo, le dude,
que es tan cruel, tan sangrienta,
y tan tirana la lid
que el Asia mueve soberbia,
que estremecido al mirarla,   280
que despavorido al verla,
siendo en una parte, en todas
las cuatro del orbe tiembla.

(Las cajas y trompetas.)

Jabín, hoy Rey de Canán
(¡oh historial, qué presto dejas   285
lo alegórico, si ya
no es porque entrambos convengan!);
Jabín, pues, Rey de Canán,
que en Asor su corte reina,
patria de la idolatría,   290
no contento con que sea
el pueblo de Israel sujeto
a sus tiranas violencias
tributario esclavo suyo,
obligándole a que ofrezca   295
culto a su ídolo Bahalín,
acabar con él intenta
tan de una vez, que entregando
nuevas tropas, nuevas levas
a Sísara, su más fiero   300
bruto caudillo, le ordena
o que idolatre o que todo

	el pueblo de Dios perezca, conque oyendo en una parte...	
Voces (Dentro.)	¡Arma, arma, guerra, guerra!	305
(Las cajas.)		
Mundo	... y en otra al amenazado pueblo...	
Música (Dentro.)	¡Clemencia, clemencia!	
Mundo	... es fuerza que atento a todo, su juicio el Mundo suspenda, y pues al Mundo no toca que los casos antevea, hasta que el tiempo los diga diga el tiempo lo que resta, al oír allí...	310
(La caja.)		
Voces	¡Arma, arma!	
Mundo	Y allí...	
Música	¡Clemencia, clemencia!	315
Mundo	... y entre uno y otro a otros ecos...	
Unos	¡Al monte!	

Otros	¡Al valle, a la selva!
Mundo	...con que Babilonia todo el orbe en voces diversas todo es confusión oyendo... 320

(Vase.)

Música	¡Clemencia, Señor, clemencia!
Voces	¡Guerra, guerra, al arma, al arma!
Unos	¡Al monte, al valle!

(Sonando a un tiempo cajas, voces y música, salen huyendo unos Villanos, y con ellos Barac, viejo venerable.)

Barac	¡A las selvas! Pastores de Haber, mirad cuánto el peligro se acerca, 325 pues ya Sísara al Cisón marcha doblando la vuelta. No esperéis que fronterizos de Canán tan sin defensa os halle que a ser vengáis 330 de su cólera sangrienta primer despojo.
Villanos	¡A los montes huyamos!
Barac	Seguidme, y sea nuestro asilo el de Efraín,

que es donde asiste la excelsa 335
Débora, que profetisa
el pueblo hoy de Israel gobierna
por falta de Lapidot,
su esposo; y pues a la inmensa
sombra de fértiles palmas 340
su trono en la cumbre asienta
a donde las causas juzga
y a donde da las audiencias,
mostrando que no ha de haber
para el pretendiente puertas 345
que no estén a todas horas
como las del campo abiertas.
¿Quién duda, puesto que a todo
atiende prudente y cuerda,
que oyendo nuestras desdichas 350
a nuestro reparo atienda?

Unos   Bien dices, a Efraín, pastores.

Todos   A Efraín.

Morfuz   Si a freír dijeran
y el tal freír fueran huevos
y torreznos, aunque fuera 355
jodío pecado, tras ellos
fuera yo, ¿mas quién me aprienta
para dejar a los amos?,
que para morir cualquiera
lugar basta.

Barac   Venid, pues, 360

	diciendo: «Débora bella...	
Todos	»Débora bella...	
Barac	... el pueblo de Dios perece, trata tú de su defensa».	
Todos	...el pueblo de Dios perece, trata tú de su defensa».	365
Barac	Pues cuando otros: «¡arma, arma!»...	
Todos (Dentro.)	¡Arma, arma!	
Barac	...dice él: «¡clemencia, clemencia!».	
Música (Dentro.)	¡Clemencia, clemencia!	370

(Sonando las cajas y trompetas y la Música, se van todos y sale Haber, y Jael deteniéndole.)

Haber	No huyáis, esperad, villanos, que más vuestra muerte es cierta huyendo que no quedando conmigo.	
Jael	¿Qué es lo que intentas, Haber, en quedarte solo, cuando tus gañanes dejan a persuasión de Barac, que tras sus voces los lleva, los ganados en los montes y las mieses en las eras	375 380

	a la idólatra invasión	
	de un tirano, sin que adviertas	
	cuánto importa más salvar	
	las vidas que las herencias?	

Haber   Si sabes, Jael, que tengo   385
con Jabín correspondencia
y con Sísara amistad,
¿qué hay que dudes, qué hay que temas
mi seguridad? Pues no
solo huiré de su presencia,   390
pero saldré a recibirle.
Y pues esta alquería nuestra
que a orillas del Cisón yace
parte lindes con las selvas
del Tabor y de Efraín,   395
iré a ofrecerle que sea
su campal alojamiento.

Jael   ¿Qué dices?

Haber   ¿De qué te alteras?

Jael   De que ya que alguna vez
la política consienta   400
al infiel comercio, no
cuando el comercio se encuentra
con la religión. ¿A un monstruo
a quien juzga su soberbia
igual a su rey y viene   405
en odio de la ley nuestra,
imitación del primero
rebelión de las estrellas,

| | a entablar idolatrías | |
| | en tu casa y... | |

Haber	Cesa, cesa,	410
	que menos, Jael, importa	
	dar a Jabín reverencia,	
	dar a Sísara hospedaje,	
	y dar a Bahalín ofrenda,	
	que aventurar todo el resto	415
	de la vida y de la hacienda.	
	Vente tú, Morfuz, conmigo.	

(Vase.)

Morfuz	Sí haré alegre con que sepa	
	que estoy seguro con dar	
	al rey Jabón obediencia,	420
	a su Chíchara hospedaje,	
	y a su dios Badil ofertas.	

(Vase.)

Jael	Tan absorta, tan confusa	
	su proposición me deja,	
	que no sé que fantasía	425
	en él se me representa.	
	¿Mas qué me admiro, si Haber,	
	equivocando una letra,	
	dice Heber, de quien tomó	
	nombre la nación hebrea,	430
	que en él se me signifique	
	el hebreo pueblo y sean	
	sus torpes idolatrías	

las que hoy Dios castiga? Inmensa
piedad, hazte sorda, no oigas 435
su sacrílega propuesta,
antes que mi llanto, puesto
que entre mi llanto y su ofensa,
si eres Dios de las venganzas,
también Dios de las clemencias. 440
Duélete dél y de mí
y no permitas que pueda
hospedar mi casa menos
que para matarle en ella
a ese padre de las iras, 445
a ese autor de las tragedias,
caudillo de las discordias
y campión de las soberbias,
a ese abominable monstruo,
de tan sañuda fiereza 450
que parece que de sangre
hidrópico se alimenta,
según aborrece a toda
la humana naturaleza,
a ese Sísara, ahora todo 455
lo dije, pues se interpreta
el que ve al ave que pasa
dando a entender que no vuela
tan remontada ninguna
que sus venenosas flechas 460
no la registren y abatan.
¡Oh venga, Señor, oh venga
ave que vuele tan alta

que de la vista la pierda!

(Quédase elevada; sale la Templanza cantando.)

Templanza	Sí vendrá, si tu pena	465
	clama, llora, suspira,	
	gime y anhela.	
	Sí vendrá, y pues tu nombre,	
	¡oh, Jael!, se interpreta	
	la que asciende, no dudes	470
	que tú también asciendas,	
	ya que no a ser el ave	
	de tanta gracia llena	
	que vuele remontada	
	sin que él alcance a verla,	475
	a ser imagen suya,	
	si dando al tiempo treguas,	
	el grito del dolor	
	con el silencio templas.	
	Quien derrama sus ansias,	480
	quien arroja sus quejas,	
	avisa al enemigo	
	para que se prevenga,	
	y así, pues la Templanza	
	(por si acaso en ti encuentra	485
	una mujer que busca)	
	es la que te aconseja:	
	recata el sentimiento,	
	que para que merezca,	
	sin que le sepa el hombre,	490
	basta que Dios le sepa.	
	A él solo sabia y cuerda,	
	clama, llora, suspira,	

gime y anhela.

Jael   Interior consonancia   495
que en mis sentidos suenas
sin saber quién te inspira,
ya que obligarme intentas
a que sintiendo calle,
a que callando sienta,   500
dame también los medios,
porque no sé que pueda
hacer un corazón
tan noble resistencia
que sienta y calle.

(Sale la Fortaleza.)

Fortaleza   Eso   505
no podrá por sí mesma
la Templanza.

Jael   Pues, ¿quién
podrá?

Fortaleza (Canta.)   La Fortaleza;
que cuando concurrimos
en igual conferencia   510
ella da los consejos,
pero yo doy las fuerzas,
y así a mi voz atenta
lidia, anima, resiste,
vive y alienta.   515
Para la gran victoria
de vencerse a sí mesma,

bien podrá la Templanza
intimarte la guerra,
mas no podrá sin mí   520
conseguirla, que si ella
te ha empeñado en que lidies,
yo en que lidies y venzas,
no sin grande misterio,
que si en Jael se encierra,   525
en metáfora de ave,
«la que ascendiendo vuela»,
quien Fortaleza dijo,
dijo Gabriel, y es fuerza,
que haya misterio donde   530
ave y Gabriel concuerdan.
Y así, en tan alta empresa
lidia, anima, resiste,
vive y alienta.

Jael   ¡Cielos! ¿Qué suspensión   535
                    tan misteriosa es ésta?

Templanza   Ya que en su sentimiento,
                    viendo que a Dios apela,
                    entrambas concurrimos
                    por presumir que en ella   540
                    la mujer fuerte hallemos,
                    yo a templarla en su pena,
                    y tú a esforzarla, el Mundo
                    juicio hará de cuál tenga
                    más derecho a la hermosa   545
                    guirnalda.

Fortaleza   ¿Pues qué esperas

a seguir tus motivos?

Templanza	Que tú a los tuyos vuelvas.

Fortaleza   Mejor será que iguales,
pues nuestra competencia   550
nos ha de hallar amigas
aunque nos busque opuestas,
ambas digamos juntas:
Jael hermosa…

Templanza   Jael bella…

Fortaleza   …prudente a la Templanza…   555

Templanza   …sabia a la Fortaleza…

Las dos   …clama, llora, suspira,
gime y anhela,
lidia, anima, resiste,
vive y alienta.   560

(Vanse las dos, tocan a marchar y dicen dentro los primeros versos.)

Sísara   Alto, y pase la palabra.

Voces   Alto, y pase la palabra.

Jael   ¿Qué escucho (¡ay de mí!) que en esta
militar marcha, no solo
me da el horror de oírla cerca,   565
pero me quita el consuelo
de oír no sé qué lisonjera

	suspensión, en que juzgara	
	dentro de mí, de mí ajena,	
	que haya decirme al oído...	570

Sísara (Dentro.)   Ya que las cumbres excelsas
                    de Efraín y del Tabor
                    saludó la salva nuestra,
                    orillas del Cisón, id
                    frente haciendo de banderas,   575
                    mientras yo en casa de Haber
                    paso el rigor de la siesta,
                    y para no perder tiempo
                    oigan todas las fronteras
                    de Israel el bando en que   580
                    mueran todos.

(La caja a bando.)

Voces   Todos mueran,
                    sin reservar a ninguno
                    que a Sísara no obedezca.

Jael   ¿Sin reservar a ninguno?
                    ¡Oh humana dicha, qué apriesa   585
                    pasa el instante que un triste
                    en que es venturoso piensa!

(Salen Haber y Soldados y Sísara, que tropezando cae a los pies de Jael.)

Haber   Ésta, señor, ya no mía,
                    es la humilde casa vuestra.

| Jael | Huiré de verle, ¡mas, cielos, | 590 |
| | no es posible, que ya entra! | |

| Sísara | Por vuestra, Haber, ¡mas ay triste! | |

| Haber | ¿Qué ha sido? | |

Sísara	Al entrar en ella,	
	no sé cómo tropecé	
	en el umbral de sus puertas.	595

| Haber | Pésame que con azar... | |

Sísara	¿Dónde hay azar que yo tema;	
	y más cuando mi caída	
	es a fin de que me vea	
	a tales plantas? (¡Qué rara	600
	hermosura!)	

| Jael | (¡Qué fiereza | |
| | tan horrorosa!) | |

| Sísara | (¡En mi vida | |
| | vi más divina belleza!) | |

| Jael | (¡En mi vida vi más fiero | |
| | semblante!) | |

| Sísara | (¡Suspenso al verla... | 605 |

| Jael | (¡Absorta al mirarle... | |

| Sísara | (...no, | |

	no puedo, según me eleva...)	
Jael	(...no puedo, según me asombra...)	
Sísara	(...adelantar hacia ella el primer paso.)	
Jael	(...al primero instante no estar suspensa.)	610
Sísara	(¡Qué pasmo!)	
Jael	(¡Qué temor!)	
Sísara	(¡Qué ansia!)	
Jael	(¡Qué aflicción!)	
Haber	Jael, ¿qué esperas?	
Sísara	¿Ésta es Jael?	
Haber	Llega a hablarle.	
Jael	Esto es... (voz, ¿qué me aconsejas templar el dolor, si cuando...)	615
Sísara	(¡Qué turbación tan honesta! Ahora bien quite la voz el horror de la presencia.) Bella divina Jael, no en mirarme te suspendas como enemigo, que aunque	620

contra todo el pueblo venga,
no contra ti: esos edictos,
que mis pretextos honestan,   625
no se han de entender contigo,
que su amenaza severa
no es por ti, sino por todos,
que tú has de vivir exempta
de las generales leyes.   630

Jael   No es temor, sino vergüenza
mi turbación, que no dudo
que haya gracia con reserva,
para que esa general
ley conmigo no se entienda.   635

Sísara   Claro está, que a tu respeto
no habrá nadie que se atreva.
(Aparte.)   (Ni aun yo pues aún no me atrevo
a mirarla de más cerca.
Cuando a mover voy la planta   640
no sé qué superior fuerza
a mi pesar la retira,
como diciendo...)

Unos (Dentro.) A la excelsa
cumbre, que ella sola puede
ser nuestro asilo.

(Las cajas y las trompetas.)

Voces (Dentro.) ¡Arma, guerra!   645

Sísara   ¿Pero qué nuevo alboroto

es éste?

(Sale un Soldado.)

Soldado	De esas desiertas
	montañas, los moradores
	para ponerse en defensa
	van en desmandadas tropas	650
	a ocupar las eminencias,
	conque adelantados tercios
	cortarles el paso intentan,
	en cuyo encuentro repiten
	unos y otros.

| Voces | ¡Arma, guerra! | 655 |

Sísara	Iré a ver en lo que para;
	en paz, ¡oh Jael!, te queda,
	mientras que más victorioso
	otra vez a tus pies vuelva.

(Vase, y los Soldados.)

| Haber | Jael, ya ves lo que te importa, | 660 |
| | templa tu enojo, y paciencia. |

Jael	¿Qué más le puedo templar?
	Y pues sufriendo mis penas
	te he obedecido, Templanza,
	no me faltes, Fortaleza,	665
	hasta que en otra ocasión

a ti también te obedezca.

(Vase.)

(Instrumentos y chirimías, y aparece en un trono, debajo de una palma Débora sentada, y salen al tablado una Mujer y dos hombres.)

Débora	Suenen tus voces, ¡oh Fama!,	
	y al gran pueblo de Israel,	
	que vengan cuantos en él	670
	ser oídos quieran, llama.	
Fama	Venid, israelitas,	
	venid a la audiencia	
	adonde hallaréis	
	Justicia y Prudencia.	675
	Venid a la audiencia,	
	venid israelitas	
	adonde hallaréis	
	Prudencia y Justicia.	
Mujer	Divina Débora bella,	680
	de una querella que tengo	
	a pedir justicia vengo.	
Débora	Sepa yo qué es la querella.	
Mujer	Estos dos hombres servían	
	con familia tan escasa	685
	a mi padre, que en su casa	
	ellos tres solos vivían.	
	Sin que constase en su puerta	
	seña de que otro la abrió,	

de una herida amaneció   690
muerto, conque es cosa cierta,
que el uno el agresor fue,
porque si entrambos lo fueran,
no el uno al otro se hicieran
el cargo; y siendo así que   695
uno de otro delató,
haciendo uno y otro empeño
de que de su muerto dueño
pida la justicia yo,
ante ti parezco, a efecto   700
de que castigo le des
al que hubiere sido.

Débora   ¿Qué es
lo que vos decís respeto
desta acusación?

Primero   Que no
fui el que a mi dueño maté.   705

Débora   ¿Y vos que decís?

Segundo   Que él fue,
porque no le maté yo.

Débora   ¿Hay alguna información
de que hubiese con él uno
antes reñido?

Mujer   En ninguno   710
cayó aquesa presunción,
que la que en ambos cayó

fue que tal alevosía
para robarle sería,
cuyo efecto embarazó 715
el no culpado, que viendo
muerto a su dueño detuvo
al culpado, y como no hubo
más testigo que el estruendo,
a que la gente acudió, 720
cuando uno y otro decía
que él al otro detenía,
la Justicia a ambos prendió;
conque a tu gran tribunal
viene a pedir mi dolor 725
castigo para un traidor
y premio para un leal.

Débora   Aquí solamente Dios
ve al fiel y ve al homicida;
el delito es una herida 730
que no pudieron dar dos.
Dejarle de castigar
no es justicia, castigalle
en el uno sin que halle
indicio particular 735
contra él, tampoco lo es;
suspenda juicio y sentencia.

(Quédase como pensativa y sale la Prudencia.)

Prudencia   Aquí entra bien la Prudencia,
para coronar después
del sacro laurel la frente, 740
pues que halló, se prueba bien,

a la mujer fuerte quien
halló a la mujer prudente.

(Canta.) Divina profetisa,
a quien tan divinamente   745
aclamó todo el pueblo,
para que tú le rijas y gobiernes,
desempeñando en ti
el yerro que padece,
quien no juzga capaces   750
de armas, letras y mando a las mujeres,
pues tu gobernación
ya en levas y ya en leyes,
capítulo hará a parte
en el sagrado libro de los Jueces,   755
divina profetisa,
repita otra y mil veces,
mal en el juicio de hoy
dentro de ti, tú misma te suspendes.
Búscate en ti, hallarás   760
que es más inconveniente,
que muera el no culpado
que no que quede vivo el delincuente.
¿Será mejor que el vicio
tras sí a la virtud lleve,   765
que no que la virtud
el vicio traiga, en fe de que se enmiende?
Perdonar un delito
acción es de los reyes,
principalmente cuando   770
no hay parte que jurídica le pruebe,
mas condenar sin él,
ni lo es, ni serlo puede,
que restringir los males

	es rigor, y piedad ampliar los bienes.	775
	Y así, vivan entrambos,	
	y llegará a deberte	
	la Prudencia que vean	
	tejer entre tus palmas sus laureles.	

Débora	Habiendo considerado,	780
	suspensa en tan nuevo juicio,	
	que en favor ni en contra indicio	
	me dan ni el fiel ni el culpado,	
	resuelvo, no sin consejo	
	que ya consulté conmigo,	785
	que ni premio ni castigo	
	me toca dar; y así, dejo	
	el castigo o premio a Dios	
	y pues en juicio oportuno	
	castigar no puedo a uno	790
	he de perdonar a dos.	
	Libres estáis, idos, pues,	
	que a la parte algún gran don	
	la dará satisfación.	

(Uno alegre besa la tierra, otro, triste, se va.)

Primero	Por alfombra de tus pies	795
	mil veces la tierra beso.	

Débora	Oíd, ¿cómo vos me volvéis	
	la espalda y no agradecéis	
	el ir libre?	

Segundo	Si confieso	
	la verdad, como por mí	800

43

nada ha hecho la prudencia
de tu piadosa sentencia,
que yo vine libre aquí
y en volver libre no tengo,
señora, que agradecer.						805

Débora			No os vais ninguno, que hacer
				segundo juicio prevengo;
				¿volver el uno la espalda
				y otro agradecer, qué indicia?

(Vuelve a suspenderse y sale la Justicia.)

Justicia		Aquí entra bien la Justicia				810
				al premio de la guirnalda.
(Canta.)		Débora, cuyo nombre,
				sobre sacerdotisa,
				en el idioma hebreo
				la argumentosa abeja significa;			815
				no sin grande alusión
				de tus méritos digna,
				pues tiene en su formada
				república ave reina que la rija,
				en cuya real tarea					820
				tanto al afán se aplica,
				que son para ella graves
				y para todos dulces sus fatigas.
				No este juicio suspensa
				te tenga ni indecisa,					825
				que ya de la Prudencia
				viene hollando la senda la Justicia.
				Quien no estima el perdón,
				bien claramente explica

que no comete osado 830
la culpa de quien tímido le estima.
La conciencia acusada
fiscal es de sí misma,
y así le trata el uno
como acaso y el otro como dicha. 835
No se indicia de aquél
lo que deste se indicia,
pues como no esperada,
brota hallada de balde la alegría.
El reconocimiento, 840
aunque es virtud, se vicia
cuando afectado muestra
que cae sobre piedad no merecida.
Alborozadas gracias,
que pasan de la línea 845
de agradecidas se hacen
sospechosas de puro agradecidas.
Anima, pues, de espacio
lo que él aborta aprisa:
verás que los temores 850
a las seguridades se anticipan,
y veré yo si el Mundo,
de la sabiduría
da el laurel a Prudencia
que omite o a Justicia que averigua. 855

Débora   En segunda suspensión
a nueva luz solicito,
no sin iluminación,
ver si el cuerpo del delito
hace sombra hacia el perdón. 860
Y así, libre aquel criado,

45

a éste a la cárcel volved,
que sin duda es el culpado
el que tiene por merced
el mirarse perdonado.   865
Un tormento la malicia
purgue, que desto se indicia
si no es que llegue a evidencia,
que el cetro de la Prudencia
es vara de la Justicia;   870
vaya pues.

Primero   Si en el tormento
tengo de perder la vida,
mejor es que al alma atento
diga mi arrepentimiento,
que es verdad que el homicida   875
de mi anciano dueño fui.

(Vase.)

Segundo   Volvió mi verdad por mí.

(Vase.)

Mujer   También por mí mi dolor.

[Vase.]

Voces (Dentro.) ¡Piedad, Débora, y favor!

Débora	¿Barac, qué es ésto?	

(Salen Barac y los Villanos.)

Barac	Oye.	
Débora	Di.	880
Barac	Sísara, aquel general	
	de Jabín, de quien la Fama	
	tantos torpes triunfos cuenta,	
	tantos viles hechos canta	
	que de su bronce los ecos,	885
	que de sus plumas las alas	
	ni bastan para escribirlos,	
	ni para contarlos bastan,	
	las riberas del Cisón	
	ocupa con gente tanta,	890
	que de sus armadas tiendas	
	hecha ciudad la campaña,	
	se desvanecen los montes,	
	pues desde sus cimas altas,	
	mirando hacia abajo, vuelta	895
	en acero la esmeralda,	
	no hay cumbre que no se dude	
	desconocida en su falda.	
	Sobre número infinito	
	de batallones y escuadras,	900
	noventa falcados carros	
	(así en términos se llaman)	
	consigo trae ingeniosa	
	máquina tan nueva y rara	
	que elefantes, de madera	905

sufriendo sobre su espalda
fortificaciones, son
cada uno un castillo que anda,
un rebellín que discurre,
y un baluarte que vaga,   910
y aún no es ésta su mayor
fuerza; la que más espanta
para que los moradores,
dejando familias, casas,
mieses y ganados, vengan   915
señora, a echarse a tus plantas,
es la de su edicto, pues
en públicos bandos manda,
que mueran cuantos no den
a las sacrílegas aras   920
de Bahalín adoración,
cuyo terror...

(Baja al tablado y tras ella la Prudencia y Justicia.)

Débora   Calla, calla,
no prosigas, cesa, cesa,
Barac, que en llegando a que haya
ofensa de Dios, me anima   925
no sé que espíritu que habla
en mi corazón diciendo:

(Canta la Prudencia, y ella representa lo que canta.)

Prudencia   ¿Qué os turba, qué os acobarda...?

Débora   ¿Qué os turba, qué os acobarda...?

Prudencia	...de sus armas el poder...	930
Débora	...de sus armas el poder...	
Prudencia	...pues si el poder de sus armas...	
Débora	...pues si el poder de sus armas...	
Prudencia	...le trae contra Dios, es fuerza...	
Débora	...le trae contra Dios, es fuerza...	935
Prudencia	...contra sí mismo le traiga.	
Débora	...contra sí mismo le traiga.	

(Canta la Justicia y ella representa.)

Justicia	Y aunque es prudencia poner...	
Débora	Y aunque es prudencia poner...	
Justicia	...solo en Dios la confianza...	940
Débora	...solo en Dios la confianza...	
Justicia	...tal vez su causa primera...	
Débora	...tal vez su causa primera...	
Justicia	...remite a segundas causas.	

Débora	...remite a segundas causas.	945
Justicia	Y así, en natural Justicia...	
Débora	Y así, en natural Justicia...	
Justicia	...es bien que dellas te valgas...	
Débora	...es bien que dellas me valga...	
Justicia	...que aunque la fe basta a todo...	950
Débora	...que aunque la fe basta a todo...	
Justicia	...la fe sin obras no basta.	
Débora	...la fe sin obras no basta.	

Débora   ...la fe sin obras no basta.
Tú, Barac, pues en Barac
el frase hebreo declara   955
al rayo, mi general
has de ser, que de tus canas
quiero fiar la prudencia
que disponga la jornada,
y del rayo de tu acero   960
la justicia de lograrla.
Del tribu de Neptalí
cinco mil hombres señala
y otros cinco mil del tribu
de Zabulón, cuya marcha   965
a ocupar la cumbre sea
del Tabor y en ella aguarda
fortificado hasta que
mi segunda orden te vaya

	del día que Dios señale	970
	para que des la batalla.	

Barac
> Aunque de tu pie, señora,
> mil veces beso la estampa
> por tanto honor, no sé cómo
> te diga que la esperanza   975
> de la victoria flaquea,
> mientras tú misma no salgas
> a la campaña en persona,
> pues viéndote en la campaña,
> no habrá nadie que no dé   980
> por ti mil vidas, mil almas.

(Cantando las dos.)

Débora
> ¡Extraña proposición!

Las dos
> No la tengas por extraña.

Prudencia
(Cantado.)
> Que más veces la prudencia
> suele vencer que las armas.   985

Justicia
> Que más veces la justicia
> de la lid el lauro alcanza.

Prudencia
> ¡Al arma, pues!

Justicia
> ¡Al arma!

Las dos
> Y suenen con tu nombre

	al compás de las cajas.	990

Justicia	Sonoro el clarín.	

Prudencia	La trompa bastarda.	

Justicia	Diciendo a este fin, sonoro el clarín...	

Prudencia	Diciendo a esta causa la trompa bastarda...	995

Las dos	¡Al arma, al arma, guerra, al arma, al arma!	

Débora	Pues es la causa de Dios y Dios mi espíritu inflama, yo iré contigo; mas mira que es contra tu misma fama, pues siendo tú el general sera mía la alabanza.	1000

Barac	Para ti la quiero yo.	1005

Débora	¿Y será bien que se esparza por los ámbitos del orbe que hombre que rayo se llama no venció, y venció una humilde mujer?	

Barac	Sí, señora.	

Débora	Aguarda,	1010

	¿en qué lo fundas?	
Barac	En que no sé qué vislumbres andan aquí, que envueltas en sombras de imaginados fantasmas, me dan a entender que cuando el pueblo de Dios se halla en mayor conflicto, sea una mujer quien le salva.	1015
Débora	Aunque como profetisa mi fe a lo lejos alcanza a ver esa mujer fuerte, cuya no mordida planta pise al dragón, no soy digna yo de ser su semejanza, que tan soberana idea otra es para quien se guarda. Pero ya que me resuelvo a ir contigo a la campaña, bengala y espada vengan.	1020 1025
Prudencia	Si es la bengala la vara, que a pobres y ricos mide iguales, bien la bengala a la Prudencia le toca.	1030

(Pónese espada y bengala.)

Justicia	Y a la Justicia la espada, pues es su acero el espejo	1035

de armar en que se retrata.

Débora	Ea, Barac, mientras tú
	a juntar las tropas vayas,
	iré yo a hacer sacrificios
	al Sabaot de las batallas, 1040
	Adonaí de las ciencias
	y Jehová de las venganzas,
	para que el pueblo se ponga
	en más cierta confianza,
	que del número del ruego. 1045
Barac	¿Pues qué esperas?
Las dos	¿Pues qué aguardas?
Débora	Que diga el estruendo en ecos
	y diga el gemido en ansias
	llevando mi nombre
	al compás de las cajas, 1050
	sonoro el clarín
	y la trompa bastarda:
	¡Arma, arma, guerra, guerra!
Todos	¡Guerra, guerra, al arma, al arma!,
	y lleven su nombre 1055
	al compás de las cajas,
	sonoro el clarín
	y la trompa bastarda,
	diciendo a este fin
	sonoro el clarín, 1060
	diciendo a esta causa
	la trompa bastarda:

¡Al arma, al arma!

(Con esta repetición, volviendo a sonar juntos instrumentos, cajas y trompetas y música, se van todos, y sale Sísara y Soldados que traen preso a Morfuz, villano.)

Sísara	¡Al arma, al arma,	
	y a fuego y sangre no quede	1065
	de todas estas montañas,	
	desde su centro a su cima,	
	tronco, flor, hoja ni planta,	
	o que no vuele en pavesas	
	o que en cenizas no arda,	1070
	llevándose, no tan solo	
	tras sí tantas vidas cuantas	
	su intrincado seno alberga,	
	su eminente cumbre guarda,	
	pero hasta las mismas peñas,	1075
	que de su centro arrancadas	
	con la actividad del fuego	
	al aire suban tan altas	
	que empañando con el humo	
	la tez de ese azul alcázar,	1080
	apaguen la llama al Sol	
	temerosa de sus llamas!	
Soldado	De todos cuantos villanos	
	entre sus riscos se amparan	
	por si algún aviso lleva,	1085
	prendimos a éste en la falda	
	desmandado.	
Morfuz	¿Desmandado	

yo? Mire usted cómo habla
porque muy mandado voy
donde me manda mi ama,   1090
y mandado y desmandado
son dos cosas muy contrarias.

Sísara   Ven acá, villano.

Morfuz   Tanto
hay de esa estancia a esta estancia
como desta estancia a ésa;   1095
y pues yo no tengo nada
que hacer allá y usted tiene
que hacer acá, cosa es crara
que a usted le importa el que venga,
primero que a mí el que vaya.   1100

Sísara   Éste debe de ser loco.

Morfuz   Algo hay de eso.

Sísara   De esas ramas
le ahorcad que para escarmiento,
o loco o cuerdo me basta.

Morfuz   Ahora yo me llegaré   1105
pues soy el de la importancia;
¿por qué han de ahorcarme, si yo
adoraré si le agrada
no solo al dios Badil pero
al dios Badil y Tenaza,   1110
que soy criado de Haber,
y él a todos mos encarga

	que así lo hagamos?	
Sísara	¿Criado de Haber eres?	
Morfuz	¿Qué te espanta,	
	si Haber es mancebo rico	1115
	y yo borrico sin blanca,	
	que él me mande y yo le sirva,	
	pues en el Mundo que pasa	
	entre el Haber y no Haber,	
	no Haber sirve y Haber manda?	1120
Sísara	¿Cómo te llamas?	
Morfuz	Yo nunca me llamo a mí, otros me llaman.	
Sísara	¿Cómo?	
Morfuz	Morfuz.	
Sísara	¿Y Haber dónde queda?	
Morfuz	Persumo que anda,	
	porque confitente tuyo	1125
	no le cautive la patria,	
	dando a entender que él también	
	huye de ti y que en su casa	
	sin su voluntad te alojas,	
	ya que no te limonadas	1130

ni garapiñas.

Sísara   ¿Y dónde
            ibas?

Morfuz   A traer de la granja
            unas manadas de trigo
            antes, según mos las talan
            tus soldados, que no quede   1135
            una espiga de que haga
            Jael el pan de tu regalo.

Sísara   ¿Luego Jael de ella no falta?

Morfuz   No señor.

Sísara   Dame los brazos,
            y ese sagrado te valga,   1140
            que no digo yo un villano
            tan vil como tú...

Morfuz   A Dios gracias.

Sísara   ...mas si a ti se redujese
            toda la infame canalla
            del hebreo pueblo, fuera   1145
            su salvamento el nombrarla;
            vete pues.

Morfuz   Ahora no quiero
            irme, que si otros me agarran,
            podrá ser que a ahorcar me lleven

	primero que a ti me traigan.	1150

Sísara
Seguro irás; dad a este
villano una salvaguardia
para que en todos mis reales
entre libremente y salga,
y de ellos para sus dueños   1155
lleve todo cuanto haya
menester.

Morfuz
La tierra beso
que pisas: ¿yo gordasalva
para que en sus reales pueda
entrar y salir? Mañana   1160
no solo los balsopetos,
la caperuza y polainas
de reales llenaré pero
cosidas las boquimangas,
el sayo y los zarafuelles.   1165

(Vase.)

Sísara
Vuelva a proseguir la saña
del incendio porque nunca
me importó más acabarla
que cuando sé que Jael
sola en su quinta me aguarda.   1170

(Cajas a lo lejos.)
¿Pero qué cajas son éstas,
que del Tabor a la espalda,
por la parte de Efraín

se escuchan?

(Sale Haber.)

Haber   Dame tus plantas.

Sísara   Haber turbado vienes ¿qué hay de nuevo? 1175

Haber   Apenas a contártelo me atrevo:
por salvar la sospecha
y hacer para con todos la deshecha,
yo también de ti huido
me fingí en esos montes retraído.   1180
Una perdida espía
que de la parte de Efraín venía,
nos dijo que sabiendo
Débora el militar bélico estruendo
con que al Cisón ocupas las riberas,   1185
hecha su margen frente de banderas
para impedir la entrada en sus estados
de dos tribus listó diez mil soldados
y dando por su esfuerzo y su consejo
a Barac de las armas el manejo,   1190
no contenta con verse profetisa,
pasando de política a herotisa
a hallarse en la campaña
ella misma en persona le acompaña.

Sísara   Mal mis triunfos codicias,   1195
pues eso dices, sin pedirme albricias;
¿qué más mi orgullo pudo
desear que su venida?, pues no dudo,
que Débora vencida,

no habrá después quien mi invasión impida,
1200
quedando o presa o muerta su belleza,
todo el pueblo hecho un monstruo sin
cabeza.
¿Qué son diez mil soldados,
para cien mil que traigo yo alistados?
Pues aunque se trocara   1205
el número y lidiara
yo con los diez, cuando ella con los ciento,
aún tuviera seguro el vencimiento,
que no vale en armados escuadrones
tanto, Haber, al medir de los aceros,   1210
un cordero, caudillo de leones,
cuanto un león, caudillo de corderos.
Si éste es principio en militares fueros,
mira tú cuán en vano
Sísara temerá a un caduco anciano   1215
y a una flaca mujer, tan inferiores
en valor y poder; y así no ignores
cuánto esa nueva es en lisonja mía:
¡oh si no fuese al espirar del día
el habérmela dado,   1220
qué presto me verías coronado
de su palma! Y pues ya la noche baja
envolviendo en su lóbrega mortaja
al cadáver del Sol, y que no es hora
de salirla al encuentro hasta la aurora, 1225
retírese la gente
cada una a su cuartel, no sea que intente
(pues dueño del país no habrá surtida
que no sepa) valida
de la noche enmendar de su fortuna   1230

la falta con alguna
sorpresa, que tal vez en la campaña
suele suplir al número la maña.
Yo he de ser el primero
que en vela esté; ni aun en tu casa quiero 1235
retirarme al descanso ni al abrigo
que estando ya en campaña el enemigo,
fuera mal ejemplar que falte della
su capitán. ¡Oh, tú, primera estrella,
que eres contra la oscura hueste fría,   1240
madrugadora embajatriz del día,
adelanta en tu esfera
a mi ruego la rápida carrera,
que yo te ofrezco dar a tu memoria
de oro una estatua en fe de la victoria, 1245
que ya ni la inconstancia de la Luna,
la ojeriza del Sol, de la fortuna
la saña, ni el anhelo
del hado, ni el poder de todo el cielo,
harán que no sea mía!   1250

(Vase y sale la Sabiduría en un trono en lo alto.)

Sabiduría   Sí harán, que está la gran Sabiduría,
cuando tú tan soberbiamente vano,
viendo desde su trono soberano
la humildad con que allí Débora orando
la noche pasa; allí Jael clamando   1255
también a Dios, partida la asistencia,
una de la Justicia y la Prudencia
como gobernadora,
y otra, como señora
de su casa y familia, en confianza   1260

62

de que haya Fortaleza en la Templanza.
¡Oye, Señor, sus voces...!

(Una parte, lo más distante que puedan, Débora, Justicia y Prudencia, y a otro Jael, Fortaleza y Templanza, y en medio la Sabiduría.)

Las cuatro (Cantan.) ¡Oye, Señor, sus voces...!

Sabiduría	...que tiernamente dulces y veloces...	
Las cuatro	...que tiernamente dulces y veloces...	1265
Sabiduría	...para mi triunfo inmenso suben como la vara del incienso!	
Las cuatro	...para su triunfo inmenso suben como la vara del incienso!	
Débora	¿Cuándo, Señor, será el día que en virtud de tu piedad, puesto el pueblo en libertad, de la opresa tiranía en que hoy yace se vea,...	1270
Jael	¿Cuándo, Señor inmenso, en virtud tuya, sin esclavitud se verá tu pueblo,...	1275
Débora	...dando al Mundo aquella divina fuerte mujer singular	

| | que le ha de restaurar. | 1280 |

| Jael | ..dando aquella peregrina
mujer fuerte que al dragón
ha de quebrantar la frente. |

| Débora | Y ya que en tu eterna mente
conviene la dilación... | 1285 |

| Jael | Y ya que de tu tardanza
alto misterio se cree... |

| Débora | ...para confirmar mi fe... |

| Jael | ...para alentar mi esperanza... |

| Débora | ...danos siquiera en loor
de tal aurora reflejos. | 1290 |

| Jael | ...danos siquiera a lo lejos
la luz de su resplandor. |

| La 1 y 2 | Danos, Señor,... |

| La 3 y 4 | Danos, Señor,... |

| Las dos | ...ya en vislumbres... |

| Las otras | ...ya en reflejos... | 1295 |

| Las cuatro | ...siquiera en sombras y lejos
la luz de su resplandor. |

Débora	Danos el candor que encierra	
	el cuajado vellocino.	
Jael	Danos el ángel divino	1300
	que ha de dominar la tierra.	
Débora	Contra el triste mortal susto	
	que padece el pueblo mío...	
Ella y las dos	...den los cielos su rocío,	
	lluevan las nubes al justo.	1305
Jael	Contra el rabioso furor	
	de tanta tirana guerra...	
Ella y sus dos	...abra sus senos la tierra	
	y produzga al Salvador.	
Débora	Duélate su esclavitud.	1310
Jael	Su llanto enjuga prolijo.	
Débora y las dos	Danos, Señor, a tu hijo.	
Jael y sus dos	Envíanos la salud.	
Las dos	Y para ver que destierra...	
Jael y Débora	...deste tirano el horror,	1315
	decir oye a su clamor...	

(Las cajas.)

Voces (Dentro.)	¡Arma, arma, guerra, guerra!
Débora	¡Mas, ay!, que apenas la aurora da su primero esplendor...
Jael	¡Mas, ay!, que apenas esparce 1320 su primera lumbre el Sol...
Débora	...cuando en mi busca esa fiera marcha.
Jael	...cuando ese feroz monstruo todo el campo a un tiempo mueve.
Sabiduría	No tengáis temor; 1325 lidia tú, Débora, y tú, Jael, clama al cielo, que yo oración y lid iré a presentar ante Dios dejando ejemplar al Mundo. 1330
Las dos	¿De qué?
Sabiduría	De que no dejó...
Ella y música	...de ser religión la lid si es la lid por religión.
(Vase. Las cajas.)	
Jael	Pero aunque más me estremezca

	de aquestas cajas el son...	1335
Débora	Pero aunque más me amenace este bélico rumor...	
Jael	...pues mi espíritu me anima...	
Débora	...pues me habla mi inspiración...	
Jael	...no ha de perturbarme a que al cielo no clame.	1340

(Vase.)

Débora	...no ha de impedirme, que al paso no salga.

(Representan.)

Las cuatro	Venced las dos lidiando y orando; vea el Mundo, que no dejó	1345
(Cantan.)	de ser religión la lid si es la lid por religión.	

(Vanse, quedando sola Débora, y sale Barac.)

Débora	¿Barac?
Barac	¿Qué mandas?
Débora	Descienda

                  todo el formado escuadrón
                  al valle del Terebinto   1350
                  de la cumbre del Tabor,
                  que no solamente intento
                  esperarle en él, sino
                  al opósito salirle.

Barac   Si ves cuánto superior   1355
                  en número viene, pues
                  casi cien soldados son
                  los que hay para cada uno
                  de los nuestros, ¿no es mejor
                  esperarle en la eminencia   1360
                  más fortificados?

Débora   No,
                  que quizá es aqueste el día
                  que me ha prometido Dios;
                  toca al arma.

(Las cajas, y sale Sísara y Soldados.)

Sísara   Toca al arma,
                  pues he de ser, o pues soy,   1365
                  buscando a quien devorar
                  aquel rugiente león
                  que ha de circundar el Mundo,
                  signifique al Mundo hoy
                  del Tabor el monte: todo   1370
                  le sitiad alrededor,
                  porque por ninguna parte
                  a nadie pueda el temor

poner en fuga.

Soldado 1	No solo	
	le pone en ella tu horror,	1375
	pero del monte desciende	
	con tan vana presunción	
	que es presentando batalla.	

Sísara	No lo imagines, que no	
	será sino que rendido	1380
	vendrá buscando el perdón	
	pidiendo a merced las vidas.	

Haber	Si aqueso fuera, señor,	
	no a banderas desplegadas	
	marchando viniera al son	1385
	de cajas y trompas; oye	
	si esto es salva o es terror.	

(Suena terremoto en todos cuatro carros.)

Sísara	Terror es, pues ya sus trompas	
	y cajas los vientos son	
	y las nubes, que improviso	1390
	terremoto confundió	
	tanto la noche y el día,	
	que al batallado pavor,	
	sobresaltado parece	
	que ha muerto súbito el Sol.	1395
	En trémula oscuridad	
	tanto mi vista cegó,	
	que solo ver me permite	
	no sé qué raro esplendor	

	que desciende sobre mí de las cumbres del Tabor.	1400

(Cajas y terremoto.)

Haber	No solo a ti pero a todos ciega su iluminación, y pues que yo entre Canán y Israel neutral estoy, falte hasta ver el suceso.	1405

(Vase.)

Sísara	No os turbe la admiración, pues por más que se declare (se esconda diré mejor) contra mí el cielo, contra él sabré resistirme yo; toca al arma.	1410

(Cajas y trompetas.)

Débora (Dentro.)	Toca al arma y embiste, pues en favor nuestro vemos que pelea, Barac, el brazo de Dios.	1415

Barac (Dentro.)	Rayo es mi nombre; no en balde hiciste de mí elección, pues a mi ejemplar los rayos, listados soldados son.	

Unos	¡Viva Israel!	
Otros	¡Canán viva!	1420

(Salen Débora y Barac y Soldados, y hacen la batalla con Sísara y los suyos, sonando a un tiempo las cajas, las trompetas y el terremoto.)

Débora	A ellos, que sin duda hoy	
	el día del Señor es,	
	porque no quede objección,	
	que el día que el Señor vence	
	no es el día del Señor.	1425

(Danse la batalla, retirándose Sísara y los demás, y salen el Mundo como despavorido y asombrado.)

Unos	¡Viva Canán!	
Otros	¡Israel viva!	
Todos	¡Arma, arma!	
Mundo	¿Qué confusión,	
	qué parasismo, qué pasmo,	
	qué frenesí, qué temblor	
	es el que el Mundo padece	1430
	tan despavorido hoy	
	que no sabe si el diluvio	
	en que antes agonizó	
	repite, según la lluvia	
	le roba al campo el verdor,	1435
	o si es el amenazado	
	día a su última aflicción,	

según los rayos que vibra
toda la ardiente región
en globos de fuego? Pero   1440
convalezca mi temor
que no es común el estrago,
pues a lo que viendo estoy,
sobre el campo de Canán
solo desciende el furor,   1445
cobrando sobre el incendio
que sus tiendas abrasó
tan nunca vista avenida
las corrientes del Cisón
que de sus carros la inmensa   1450
vaga fortificación,
despedazada a fragmentos
la lleva la inundación,
sin que el campo de Barac
ofenda, conque en veloz   1455
fuga el de Sísara huyendo
va de un riesgo a otro mayor,
pues el que del fuego escapa
no escapa del agua, y son
agua y fuego sus sepulcros,   1460
todos diciendo a una voz.

(Las cajas y terremoto.)

Unos (Dentro.)   ¡Que me ahogo!

Otros   ¡Que me abraso!

Todos   ¡Gran Dios de Bahalín, favor!

Todos	¡Victoria, Débora viva!	
Débora (Dentro.)	Ved que erráis la aclamación,	1465
	que no es mía la victoria,	
	que solo quien vence es Dios;	
	y pues que Sísara huyendo	
	sus gentes desamparó,	
	seguid su alcance.	
Mundo	Sin duda,	1470
	para quien depositó	
	en mí la Sabiduría	
	de su guirnalda el honor	
	Débora es, pues redemptora	
	del pueblo, le pone hoy	1475
	en salvo, mas qué virtud	
	es la que el triunfo la dio	
	no sé; y así, pues entre ellas	
	será noble la cuestión,	
	pendiente el Mundo y pendiente	1480
	de los cedros de Sión,	
	esperando a ver el fin	
	habrá de estar, mientras yo	
	en todos cuatro elementos	
	la lid padezco.	

(La caja, el terremoto, y yéndose el Mundo, sale Jael asustada oyendo a lo lejos.)

Jael	El temor	1485
	de los rayos en el fuego,	
	del agua en la inundación,	
	de los truenos en el aire,	

de la tierra en el temblor,
por más que quiera (¡ay de mí!)   1490
retirada en mi oración
perseverar, no es posible
que no sufre el corazón
dejar de saber en qué
tanto escándalo paró;   1495
y así, a puertas de la quinta
salgo a ver.

(Sale Morfuz con unos manojos de trigo y un esquino, en que vendrán clavos y martillo.)

Morfuz   Gracias a Dios,
que aunque en carbón se me han vuelto
los reales que me ofreció
Chíchara, los cuartos míos   1500
no se me han vuelto en carbón.

Jael   ¿Morfuz, qué hay de lid?

Morfuz   No sé,
que viendo que en casa no
había pan, por estos haces
de trigo, llegué a la troj,   1505
que a falta de pan oí
que buenas sus tortas son.

Jael   ¿Y qué traes aquí?

Morfuz   Un martillo
y clavos.

Jael	¿A qué ocasión?

Morfuz	De clavar todas las puertas	1510
	a la susodicha troj,	
	porque le cueste siquiera	
	ese trabajo al ladrón	
	que quiera entrar a robarla.	

Jael	¡Qué villana prevención!	1515

(Quítale espigas y clavos.)

	Mas déjame haces y esquino
	y ve a ver en qué paró
	la batalla, que entretanto
	ahechando sus granos yo
	me quedaré, porque ociosa 1520
	no me acuse ese clamor,
	de que el pueblo está peleando
	y yo cuidando no estoy
	de tener a los soldados
	que aquí traiga su aflicción, 1525
	pan que darles.

Morfuz	¿Yo ir a ver	
	lo que allá pasa? Eso no,	
	que aunque aquí estar no quisiera	
	a donde llega la voz	
	que entre su escándalo dice.	1530

Sísara (Dentro.)	¡Gran dios de Bahalín, favor!

Jael	Bien teme, pues quien invoca

a Bahalín, no a Sabaot
infiel es.

Morfuz   Y tan infiel,
si no es que enturbiado estoy,   1535
que el que despeñado cae
desde el risco superior
del monte Chíchara es.

Jael   Al verle tiemblo.

(Sale Sísara como despeñado.)

Sísara   ¿Quién vio
en el vientre de una nube   1540
tan monstruoso embrión,
que aborte de un mismo parto
el granizo y el ardor?
Y pues, ni hueste con hueste,
ni escuadrón con escuadrón   1545
me queda, ¿dónde podré
guarecer la vida? No,
porque la vida deseo
(Cayendo   tan sin fama y sin honor,
y tropezando.)   vencido de una mujer,   1550
mas porque viviendo yo
viva de Israel la ruina,
vengando en otra ocasión
el desdén desta, por más
que milite en su favor   1555
el cielo, pues cuando me halle
sin más armas, sabré atroz,
para escupírsele al cielo,

arrancarme el corazón.

(Cae a los pies de Jael.)

Barac (Dentro.)	Por aquesta parte fue	1560
	por donde Sísara huyó.	
Débora	No quede en su alcance peña,	
	risco, gruta, tronco o flor	
	que no examinéis.	
Sísara	En vano	
	la fuga me aseguró,	1565
	pues cuando desalentado	
	oigo tan cerca la voz	
	de quien me sigue, no sé	
	por dónde ni a dónde voy.	
Jael	¿Qué noble envidia, nacida	1570
	de generoso valor	
	es la que ha engendrado en mí,	
	ver huyendo a este feroz	
	monstruo, sin que tenga parte	
	en su vencimiento yo?	1575
Sísara	¿Quién va? ¿Quién es?	
Jael	¿Qué te asombra	
	el mirarme?	
Sísara	¿Cómo no	
	me he de asombrar, si segunda	

vez a tus plantas estoy?

Jael	¿Qué importa si es para hallar	1580
	en mí tu auxilio y favor?	
(Aparte.)	(¡Oh tú, piadosa Templanza,	
	dale halagos a mi voz,	
	y ayúdame, Fortaleza,	
	tú para una ilustre acción!)	1585
	No temas, pues.	

Sísara	No, no es	
	fácil no tener temor	
	a cualquier mujer, despúes	
	que una mujer me venció.	
	Dígalo el que siendo tú	1590
	la sola a quien no tocó	
	ni de mi rabia el contagio	
	ni de mi edicto el pregón,	
	al verte con ese haz	
	de trigo al pecho (¡qué horror!),	1595
	con esos clavos (¡qué angustia!)	
	y ese martillo, en mayor	
	pasmo, en mayor sentimiento	
	me pones que el que me dio	
	Débora vibrando rayos,	1600
	dándome a entender que son	
	martillo, clavos y espigas	
	segundas armas de Dios.	

Jael	No vanamente te dejes	
	persuadir de la aprehensión	1605
	que trae las ruinas tras sí,	
	que de verme exempta yo	

de tus sañas, solicito
cumplir con la obligación.
Entra en mi albergue y en él   1610
descansa, cobra el valor
y el aliento, que yo ofrezco
dar a tu vida favor
tal que a nadie contra ella
le quede ninguna acción.   1615

Sísara   Agradecerte quisiera,
Jael, la piedad, pero estoy
tan rendido a la fatiga
del cansancio, a la pasión
de la sed que apenas puedo   1620
formar la respiración;
manda que un jarro de agua
solo me den.

Jael   Fuera error
que el agua es veneno...

Morfuz   ¡Y cómo
que es!

Jael   ...tras cansancio y sudor.   1625

Morfuz   Y aun antes, y así, por él
volando a traérsele voy.

(Vase.)

Jael   Ven donde un jarro de leche
sea antídoto mejor

a entrambas ansias.

Sísara	Fortuna,	1630
	no desesperes, pues hoy	
	a ejemplo de todo el mundo,	
	cifrado en mi confusión,	
	si una mujer fue tu ruina	
	otra será tu blasón,	1635
	guardando mi vida para	
	que el padecido baldón	
	vengue, que no ha de haber siempre	
	eclipses contra mí.	

(Vase.)

Jael	¡Oh,	
	si la bebida logrando	1640
	su natural propensión,	
	le adormeciese el sentido!	
	Pues me da, inmenso Señor,	
	la Templanza el medio, deme	
	la Fortaleza el valor	1645
	y el acaso destas armas	
	el instrumento.	

(Vase y salen Débora, Barac y Soldados que traen preso a Haber.)

Débora	¿En fin, no	
	parece Sísara?	

Barac	Todas	
	las montañas discurrió	
	tu gente, y solo en su centro	1650

a Haber escondido halló,
con que oyendo a todo el pueblo
la común acusación
de ser confidente suyo,
y quizá por quien movió   1655
las armas contra Israel,
a ti le trae en prisión.

Débora   Haber, que del pueblo hebreo
tomaste el bando peor,
pues idólatra las puertas   1660
abriste a la indignación
del cielo, ya ves que el cielo
a Sísara castigó
y que el castigarte a ti
me toca.

Haber   A tus pies estoy   1665
y arrepentido, la enmienda
prometo y pido el perdón.

Débora   Libre está quien perdón pide
y enmienda ofrece.

Barac   Pues hoy,
Débora, no solo el pueblo   1670
redime de la opresión
en que le tenía un tirano,
pero en cuanto a religión,
su error destierra, salvando
la esclavitud y el error,   1675
¿quién duda que a voces diga

el Mundo en su aclamación...

(Sale el Mundo con la guirnalda.)

Mundo   Débora es la mujer fuerte,
        que en los Proverbios buscó
        la gran sabiduría; pero   1680
        el laurel que en mí dejó,
        fue para aquella virtud
        que en más eminente loor
        suyo el premio la adquiriese:
        por eso no se la doy   1685
        hasta que este fin la Fama
        con lo dulce de su voz
        convoque de las virtudes
        el coro, a ver cuál logró
        conseguir desta guirnalda   1690
        el lauro; suene veloz
        la dulzura de tu acento.

(La Fama en bofetón en lo alto de un carro.)

Fama (Canta.)   ¡Pues atención!

Música   ¡Atención!

Fama   ¡Ah de la esfera del fuego!
        ¡Ah de la vaga región   1695
        del aire, montes y mares,
        cielo, estrellas, Luna y Sol!
        ¡Atención!

Música	¡Atención!

Fama   ¿Qué virtud es la que más
       gloriosa resplandeció   1700
       para haber hallado el Mundo
       a la mujer fuerte?

(Ábrense dos carros y vense en el uno la Justicia y la Prudencia, y en el otro la Templanza y la Fortaleza, y todas cuatro en dos rastrillos, que bajen al tablado sentadas en un iris de nubes con araceli de flores.)

Las cuatro (Cantan.) Yo.

Barac   Todas cuatro respondieron
           varias en acorde unión.

Débora   Y todas cuatro triunfantes   1705
           se dejan de dos en dos
           ver en dos iris, en cuyo
           cambiante tornasol,
           cada flor es una estrella
           y cada estrella una flor.   1710

Mundo   Bellas virtudes, si el Mundo
           árbitro es de la elección,
           sepa el Mundo quién el dueño
           es desta guirnalda.

Las cuatro Yo.

Prudencia (Canta.) Yo, que siendo la Prudencia,
                    di a Débora inspiración   1715

para que su triunfo fuese
efecto de su oración.

Justicia (Canta.)   Yo, que siendo la Justicia,
y la Justicia de Dios
truenos y rayos, la di   1720
las armas con que venció.

Templanza (Canta.)   Yo, que siendo la Templanza,
templé en Jael el dolor
de ver cautivo su pueblo,
hasta lograr la ocasión   1725
de acabar con su enemigo.

Fortaleza (Canta.)   Yo, que de esa ilustre acción
el dueño fui, pues fui quien
a su espíritu le dio
la fortaleza, añadiendo   1730
aún circunstancia mayor
a que no llegó ninguna.

Todas (Representan.)   ¿Cómo?

Fortaleza   Como fue a ocasión,
que para amasar el pan,
cuando Sísara llegó,   1735
ahechaba el trigo que había
reservado en fértil troj,
para que fuese sustento
del ejército de Dios,
con que queda destruido   1740
de una vez el fiero horror

de tanto contrario.

Todas	¿Cómo?
Fortaleza	Dígalo su misma acción.

(Ábrese en un carro un pabellón de campaña, y vese como en un lecho Sísara con un clavo en la frente, y Jael en acción de estarle enclavando.)

Fortaleza

Volved los ojos, veréis
el trágico pabellón.   1745

Jael

Muere, tirano, a las armas,
que aunque el acaso las dio,
no hay acaso sin misterio.

Sísara

¡Ay de mí! No siento, no,
tanto el morir, como a manos   1750
de una mujer, con baldón
tan vil como que vea el Mundo
clavo en mi frente y que hoy
muera con señas de esclavo
el que ayer era señor.   1755

Unos

¡Qué prodigio!

Otros

¡Qué portento!

Otros

¡Qué asombro!

Otros

¡Qué admiración!

Débora	Más que admiración, asombro,
	portento y prodigio son
	para mí.

Todos	¿Por qué?

Débora   Porque   1760
como profetisa, estoy
viendo en aquel misterioso
jeroglífico un borrón,
un rasgo, un viso, una seña,
que en bosquejado primor   1765
me dice el prometimiento
que hizo en el Génesis Dios,
de que una mujer quebrante
la cabeza del dragón.

Mundo   Aunque el fin es quien corona   1770
la obra, con todo eso yo
desta preciosa guirnalda
no me atrevo a dar el don
sin que la Sabiduría
atienda a mi invocación.   1775

(En el carro de la palma donde estuvo sentada Débora, sube sentada por elevación la Sabiduría con hostia y cáliz en la mano.)

Mundo	¿Dónde, alta deidad, estás?

Sabiduría   Sentada en la silla estoy
que por sede de sapiencia
prestada a Débora doy,
desde el día que del pueblo   1780

la di la gobernación.

Mundo   De Prudencia y de Justicia,
         ella asistida, sacó
         de esclavitud a Israel,
         en cuya prosecución   1785
         de Templanza y Fortaleza
         Jael asistida, mató
         a Sísara; ¿a quién daré
         tu laurel?

Sabiduría   Aunque en las dos
             se explican los dos lugares   1790
             que quise confrontar yo,
             en consuelo de que veas
             sombras de tu redención,
             pues Débora es la mujer
             fuerte, por quien preguntó   1795
             el proverbio, puesto que ella
             al enemigo venció
             y Jael la que invencible
             el Génesis prometió,
             puesto que es la que quebranta   1800
             la frente al monstruo feroz,
             ¿quién duda, que conviniendo
             los dos visos en las dos,
             que una es redención al pueblo
             y otra al Mundo es redención?   1805
             Y así, pues más general
             fue de Jael el favor,
             puesto que a gentil y hebreo
             igualmente aprovechó
             la limosna de su trigo,   1810

reparando la aflicción
del hebreo y del gentil
que a sus umbrales llegó,
en fe de que su materia,
siendo hebrea traducción,   1815
casa de trigo Belén,
habían de gozar los dos
el fruto, que en su escondido
tesoro reserva Dios,
hasta el difinido tiempo,   1820
que amanezca su esplendor
a ser su carne este pan
y su sangre este licor,
¿quién duda que viva sombra
Jael es y Débora no,   1825
de aquella en primero instante
pura y limpia concepción,
que en siempre virgen aurora
nos ha de parir el Sol?
Désele a su Fortaleza   1830
la guirnalda.

Mundo   Es justa acción.

Prudencia   Las tres te lo agradecemos.

Justicia   Con que de nuestra cuestión...

Templanza   ... todas quedamos iguales...

Las tres   ...todas diciendo a una voz: 1835

Ellas y Música   Jael viva, sombra de aquella

pura y limpia concepción,
que en siempre virgen aurora
nos ha de parir el Sol.

Débora	Bendita entre las mujeres la aclamad.	1840
Justicia	Eso mejor el cántico de Barac lo dirá.	
Jael	Felice yo, que he llegado a merecer tan gloriosa aclamación.	1845
Morfuz	Pues que del Señor el día no pierde ser del Señor porque en gloria de su madre le vuelva la devoción, digamos todos, pidiendo de nuestras faltas perdón.	1850
Todos y Música	Jael viva, sombra de aquella pura y limpia concepción. que en siempre virgen aurora nos ha de parir el Sol.	1855

Fin de la comedia

Libros a la carta

A la carta es un servicio especializado para
empresas,
librerías,
bibliotecas,
editoriales
y centros de enseñanza;
y permite confeccionar libros que, por su formato y concepción, sirven a los propósitos más específicos de estas instituciones.

Las empresas nos encargan ediciones personalizadas para marketing editorial o para regalos institucionales. Y los interesados solicitan, a título personal, ediciones antiguas, o no disponibles en el mercado; y las acompañan con notas y comentarios críticos.

Las ediciones tienen como apoyo un libro de estilo con todo tipo de referencias sobre los criterios de tratamiento tipográfico aplicados a nuestros libros que puede ser consultado en Linkgua-ediciones.com.

Linkgua edita por encargo diferentes versiones de una misma obra con distintos tratamientos ortotipográficos (actualizaciones de carácter divulgativo de un clásico, o versiones estrictamente fieles a la edición original de referencia).

Este servicio de ediciones a la carta le permitirá, si usted se dedica a la enseñanza, tener una forma de hacer pública su interpretación de un texto y, sobre una versión digitalizada «base», usted podrá introducir interpretaciones del texto fuente. Es un tópico que los profesores denuncien en clase los desmanes de una edición, o vayan comentando errores de interpretación de un texto y esta es una solución útil a esa necesidad del mundo académico.

Asimismo publicamos de manera sistemática, en un mismo catálogo, tesis doctorales y actas de congresos académicos, que son distribuidas a través de nuestra Web.

El servicio de «libros a la carta» funciona de dos formas.

1. Tenemos un fondo de libros digitalizados que usted puede personalizar en tiradas de al menos cinco ejemplares. Estas personalizaciones pueden ser de todo tipo: añadir notas de clase para uso de un grupo de estudiantes, introducir logos corporativos para uso con fines de marketing empresarial, etc. etc.

2. Buscamos libros descatalogados de otras editoriales y los reeditamos en tiradas cortas a petición de un cliente.

www.ingramcontent.com/pod-product-compliance
Lightning Source LLC
Chambersburg PA
CBHW021937040426
42448CB00008B/1108